MODÈLES

ŒUVRES REMARQUABLES

DE

CLÉSINGER & FALGUIÈRE

Marbres importants

DE

Aizelin, Clère, Clésinger, Falguière, Mathurin Moreau

Piat et E. Robert

PARIS. — IMPRIMERIE DE L'ART
41, rue de la Victoire, 41

CATALOGUE

DES

MODÈLES

BRONZES ORIGINAUX ET PLATRES

AVEC DROITS DE REPRODUCTION

ŒUVRES REMARQUABLES

DE

CLÉSINGER & FALGUIÈRE

A vendre par suite de liquidation et en vertu de deux jugements

MARBRES IMPORTANTS

Groupes — Statues — Bronzes

TORCHÈRES MONUMENTALES — PIÈCES DÉCORATIVES

DE

Aizelin, Clère, Clésinger, Falguière, Mathurin Moreau
Piat et E. Robert

DONT LA VENTE AURA LIEU

HOTEL DROUOT, SALLES N°s 1 & 3

Les Lundi 5, Mardi 6, Mercredi 7, Jeudi 8 et Vendredi 9 Décembre 1887

A 2 HEURES

Par le Ministère de **Me ESCRIBE**, commissaire-priseur

6, rue de Hanovre, 6

Assisté de

M. G. SERVANT ✠	**M. A. BLOCHE**
EXPERT	EXPERT
61, rue de Saintonge, 61	23, rue Chauchat, 23

EXPOSITIONS

PARTICULIÈRE	PUBLIQUE
Le Samedi 3 Décembre 1887	*Le Dimanche 4 Décembre 1887*

DE 1 HEURE 1/2 A 5 HEURES 1/2

D 5617

CONDITIONS GÉNÉRALES DE LA VENTE

1° Elle sera faite au comptant.

2° Les acquéreurs payeront en sus des enchères *cinq pour cent*, applicables aux frais.

3° Aucune réclamation ne sera admise une fois l'adjudication prononcée.

Conditions relatives aux œuvres de Clésinger et de Falguière.

1° Les acquéreurs devront exploiter commercialement les œuvres par eux acquises.

2° Ils devront appartenir à la nation française ou à toute autre nation ayant passé avec la France des traités permettant la perception des droits d'auteur à l'étranger.

N. B. — En ce qui concerne les *conditions spéciales* de la vente, relatives aux œuvres de Clésinger, Falguière et Pollet, s'en référer au *cahier des charges* dressé par Me Escribe, commissaire-priseur, 6, rue de Hanovre, chez lequel il en peut être pris communication.

Spécialement, les originaux en bronze seront vendus avec droit de reproduction en matière d'édition, et les modèles en plâtre avec droit de reproduction en matière d'originaux.

ŒUVRES DE CLÉSINGER[1]

Les droits de reproduction pour les œuvres de Clésinger sont fixés ainsi qu'il suit :

Droit de reproduction **A**.

Droit de reproduction en toutes grandeurs en matière d'édition et en réduction en marbre, terre cuite et albâtre.

Droit de reproduction **B**.

Droit de reproduction absolu et sans limites en matière d'édition et en matière d'originaux, avec droit d'en exécuter une aussi grande quantité que bon semblera, sous cette réserve que les originaux seront en marbre, grandeur nature et 2/3 nature.

Droit de reproduction **C**.

Droit de reproduction en toutes matières et en toutes grandeurs.

La reproduction en biscuit est formellement interdite pour tous les modèles de Clésinger.

---

1. Les acquéreurs auront à payer aux ayants droit de Clésinger comme redevances :

15 pour 100 sur le produit net de la vente des œuvres d'édition.

17 pour 100 sur la reproduction des œuvres originales (marbre ou terre cuite).

DÉSIGNATION

GROUPES

1 — *Le Taureau vainqueur.*

Original en bronze.

Œuvre remarquable.

Haut., 1 m. 20 cent.; larg., 36 cent.; long., 1 m. 28 cent.

2 — Réduction nº 3.

Haut., 51 cent.; larg., 21 cent.; long., 55 cent.

3 — Réduction nº 4.

Haut., 45 cent.; larg., 14 cent.; long., 40 cent.

4 — Réduction nº 5.

Haut., 29 cent.; larg., 12 cent.; long., 31 cent.

5 — Réduction nº 7.

Haut., 17 cent.; larg., 7 cent.; long., 16 cent.

Modèles en plâtre.

1º Haut., 1 m. 22 cent.; larg., 40 cent.; long., 1 m. 30 cent.
2º Haut., 75 cent.; larg., 22 cent.; long., 82 cent.
3º Haut., 45 cent.; larg., 45 cent.; long., 50 cent.

Droit de reproduction B.

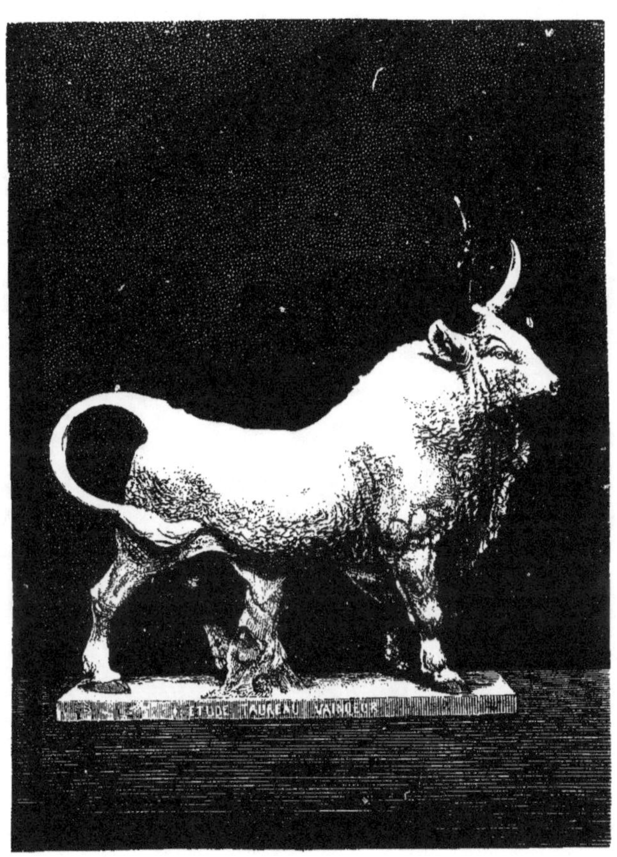

N° 1.

6 — *Le Taureau romain.*

Original en bronze.

Haut., 1 m. 10 cent.; larg., 37 cent.; long., 1 m. 8 cent.

7 — Réduction n° 3.

Haut., 50 cent.; larg., 21 cent.; long., 58 cent.

8 — Réduction n° 4.

Haut., 36 cent.; larg., 17 cent.; long., 46 cent.

9 — Réduction n° 5.

Haut., 25 cent.; larg., 12 cent.; long., 32 cent.

10 — Réduction n° 7.

Haut., 14 cent.; larg., 7 cent.; long., 16 cent.

Modèles en plâtre.

1° Haut., 1 m. 10 cent.; larg., 35 cent.; long., 1 m. 10 cent.
2° Haut., 77 cent.; larg., 35 cent.; long., 82 cent.

(Droit de reproduction B.)

11 — *Combat de taureaux.*

Original en bronze.

Grandeur n° 1. — Haut., 45 cent.; long., 95 cent.

12 — Réduction n° 2.

Haut., 35 cent.; long., 70 cent.

13 — Réduction n° 3.

Haut., 27 cent.; long., 35 cent.

(Droit de reproduction B.)

14 — *Combat de taureaux.*

Original en bronze.

Deuxième modèle. Haut., 90 cent.; long., 1 m. 50 cent.

Modèle en plâtre.

Haut., 86 cent.; larg., 60 cent.; long., 1 m. 39 cent.

(Droit de reproduction C.)

15 — *La Paix.*

Original en bronze.

Haut., 86 cent.; larg., 64 cent.; long., 74 cent.

Modèle en plâtre.

Haut., 86 cent.; larg., 64 cent.; long., 74 cent.

(Droit de reproduction A.)

16 — *La Jeunesse de Bacchus.*

Original en bronze.

Grandeur n° 1.

Haut., 88 cent.; larg., 32 cent.; long., 89 cent.

17 — Réduction n° 3.

Haut., 45 cent.; larg., 19 cent.; long., 52 cent.

Modèles en plâtre.

1° Haut., 85 cent.; larg., 32 cent.; long., 89 cent.
2° Haut., 46 cent.; larg., 19 cent.; long., 53 cent.

(Droit de reproduction B.)

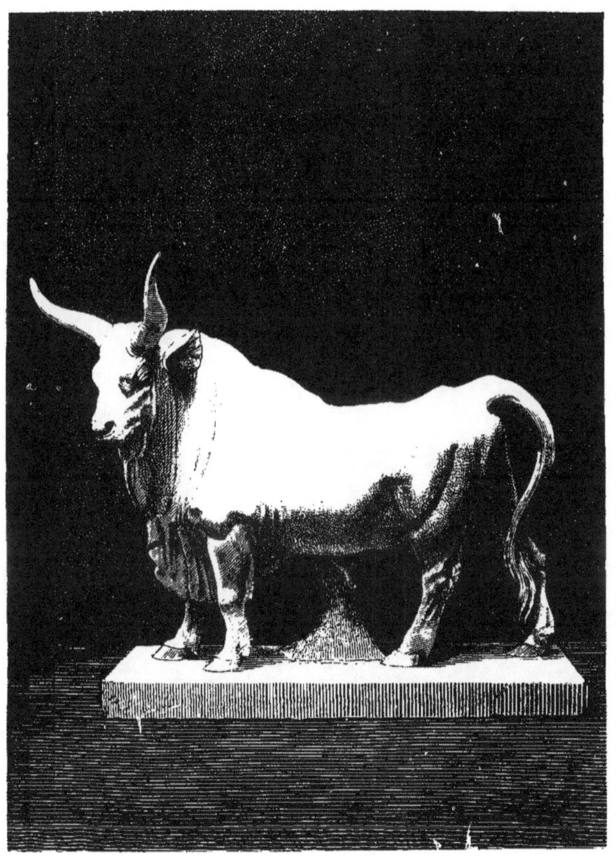

N° 6.

18 — *Néréide.*

Original en bronze.

Haut., 39 cent.; larg., 23 cent.; long., 74 cent

Modèles en plâtre.

1° Haut., 60 cent.; larg., 35 cent.; long., 1 m. 15 cent.
2° Haut., 42 cent.; larg., 23 cent.; long., 74 cent.

(Droit de reproduction B.)

19 — *Ariane sur le tigre.*

Original en bronze.

Grandeur 1/2 nature.

Haut., 1 m. 4 cent.; larg., 35 cent.; long., 1 m. 14 cent.

20 — Réduction n° 3.

Haut., 90 cent.; larg., 27 cent.; long., 70 cent.

21 — Réduction n° 4.

Haut., 54 cent.; larg., 19 cent.; long., 58 cent.

22 — Réduction n° 7.

Haut., 15 cent.; larg., 6 cent.; long., 17 cent.

Modèles en plâtre.

1° Haut., 2 m. 10 cent.; larg., 62 cent.; long., 2 mètres.
2° Haut., 1 m. 4 cent.; larg., 37 cent.; long., 1 m. 20 cent.
3° Haut., 79 cent.; larg., 27 cent.; long., 90 cent.
4° Haut., 53 cent.; larg., 18 cent.; long., 60 cent.

(Droit de reproduction B.)

23 — *La Charmeuse.*

Original en bronze.

Haut., 50 cent.; larg., 17 cent.; long., 52 cent.

Modèles en plâtre.

1re Haut., 1 m. 3 cent.; larg., 37 cent.; long., 1 m. 2 cent.
2e Haut., 59 cent.; larg., 15 cent.; long., 52 cent.

(Droit de reproduction B.)

(Le marbre original a été exécuté à Rome, en 1886.)

24 — *La Femme piquée par un serpent.*

Original en bronze. Statue couchée.

Haut., 29 cent.; larg., 24 cent.; long., 80 cent.

Modèles en plâtre.

1e Haut., 54 cent.; larg., 58 cent.; long., 1 m. 85 cent.
2e Haut., 24 cent.; larg., 24 cent.; long., 60 cent.
3e Haut., 22 cent.; larg., 24 cent.; long., 54 cent.

(Droit de reproduction B.)

25 — *Cléopâtre morte.*

Original en bronze.

Grandeur 1/2 nature. — Long., 90 cent.

Modèles en plâtre.

1e Long., 1 m. 80 cent.; haut., 45 cent.; larg., 85 cent.
2e Long., 90 cent.; haut., 27 cent.; larg., 48 cent.

(Droit de reproduction B.)

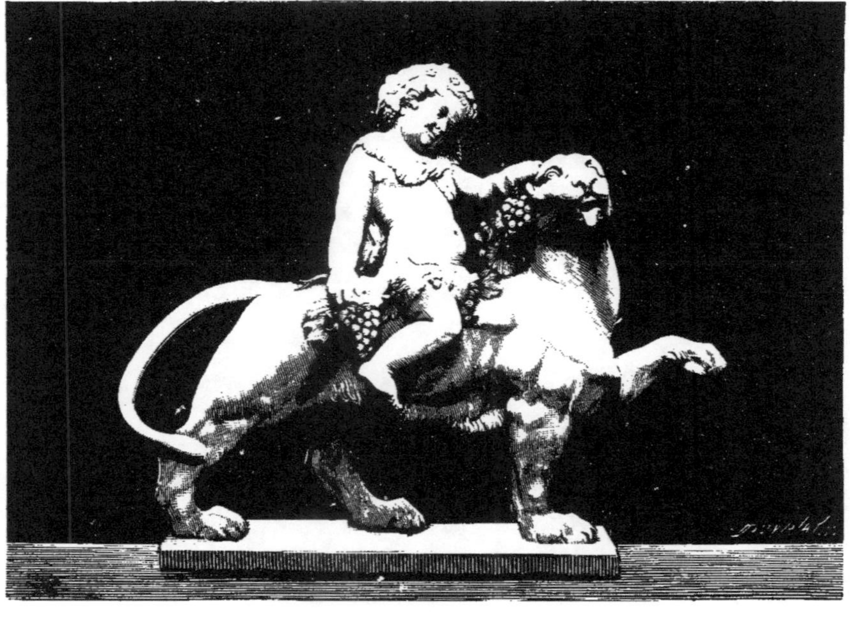

N° 16.

26 — *Diane au repos.*

Original en bronze.

Grandeur 1/2 nature.

Haut., 67 cent.; larg., 40 cent.; long., 70 cent.

Modèles en plâtre.

1° Long., 1 m. 35 cent.; haut., 1 m. 35 cent ; larg., 80 cent.
2° Long., 68 cent.; haut., 66 cent.; larg., 40 cent.

Droit de reproduction B.

27 — *Faune et Faunesse.*

Original en bronze.

Haut., 47 cent., larg., 35 cent.

Modèles en plâtre.

1° Long., 70 cent.; haut., 90 cent.; larg., 37 cent.
2° Long., 35 cent.; haut., 46 cent.; larg., 17 cent.

Droit de reproduction B.

28 — *Chouette et tortue.*

Original en bronze.

Haut., 42 cent.; larg., 39 cent.; long., 39 cent.

29 — Réduction 1/3 nature.

Haut., 15 cent.; larg., 11 cent.; long., 15 cent.

30 — Réduction 1/4 nature.

Haut., 10 cent.; larg., 7 cent.; long., 8 cent.

31 — Réduction n° 7.

Haut., 5 cent.; larg., 4 cent.; long., 5 cent.

Modèle en plâtre.

Haut., 28 cent.; larg., 25 cent.; long., 21 cent.

(Droit de reproduction B.)

32 — *Hibou et crâne.*

Original en bronze.

Grandeur nature.

Haut., 35 cent.; larg., 30 cent.; long., 30 cent.

33 — Réduction n° 1.

Haut., 17 cent.; larg., 16 cent.; long., 13 cent.

34 — Réduction n° 4.

Haut., 8 cent.; larg., 7 cent.; long., 6 cent.

Modèle en plâtre.

Long., 30 cent.; haut., 35 cent.; larg., 27 cent.

(Droit de reproduction B.)

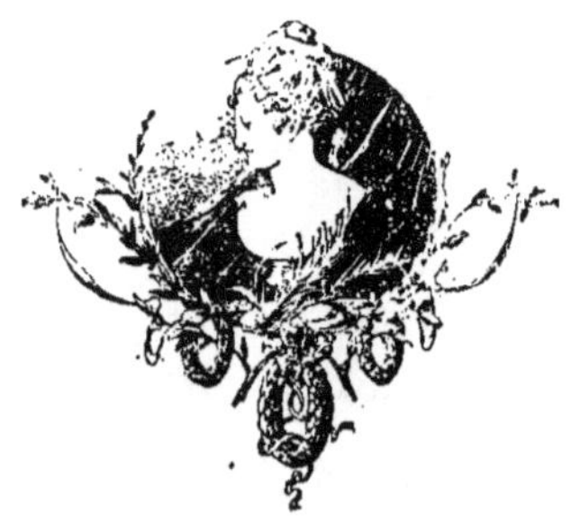

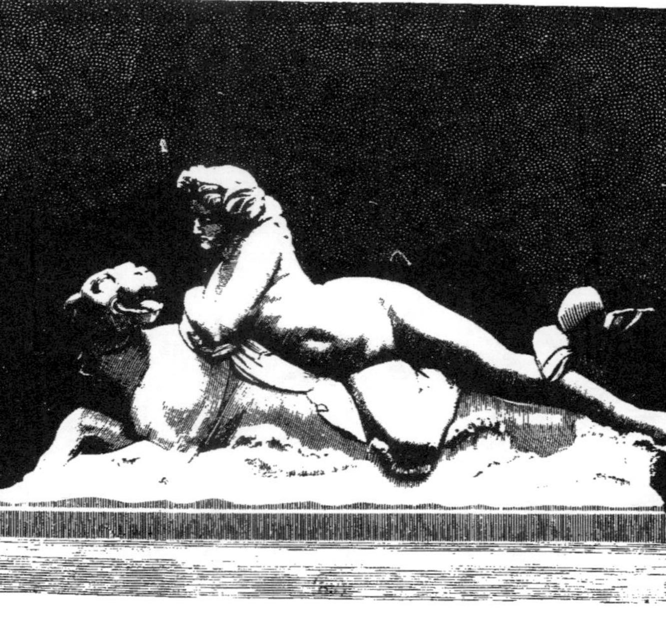

N° 18.

STATUES

35 — *La Danseuse aux cymbales.*

Original en bronze.

Grandeur 2/3 nature.

Haut., 1 m. 19 cent.; larg., 40 cent.

36 — Grandeur n° 3.

Haut., 61 cent.; larg., 21 cent.

37 — Réduction n° 4.

Haut., 58 cent.; larg., 19 cent.

38 — Réduction n° 5.

Haut., 41 cent.; larg., 15 cent.

39 — Réduction n° 6.

Haut., 22 cent.; larg., 8 cent.

Accompagnées d'ornements pour former bouts de table, pour le n° 6 seulement.

Modèles en plâtre.

1° Grandeur nature. Haut., 1 m. 80 cent.; larg., 75 cent.
2° Haut., 1 m. 19 cent.; larg., 56 cent.
3° Haut., 91 cent.; larg., 41 cent.

(Droit de reproduction B.)

40 — *La Danseuse aux castagnettes.*

Original en bronze.

Haut., 1 m. 80 cent.

Modèle en plâtre.

Haut., 1 m. 80 cent.

(Droit de reproduction C.)

41 — *La Danseuse au tambourin.*

Original en bronze.

Haut., 1 m. 26 cent.; larg., 40 cent.

42 — Grandeur n° 3.

Haut., 62 cent.; larg., 21 cent.

43 — Réduction n° 4.

Haut., 56 cent.; larg., 19 cent.

44 — Réduction n° 5.

Haut., 40 cent.; larg., 15 cent.

45 — Réduction n° 6.

Haut., 22 cent.; larg., 8 cent.

Modèles en plâtre.

1° Haut., 1 m. 90 cent.; larg., 85 cent.
2° Haut., 1 m. 10 cent.; larg., 58 cent.
3° Haut., 92 cent.; larg., 52 cent.

(Droit de reproduction B.)

46 — *Sapho.*

Original en bronze.

Haut., 48 cent.; larg., 22 cent.

47 — Réduction n° 4.

Haut., 38 cent.; larg., 17 cent.

48 — Réduction n° 6.

Haut., 25 cent.; larg., 10 cent.

Modèles en plâtre.

1° Haut., 1 m. 90 cent.; larg., 75 cent.
2° Haut., 1 mètre; larg., 48 cent.
3° Haut., 72 cent.; larg., 32 cent.
4° Haut., 50 cent.; larg., 22 cent.

(Droit de reproduction B.)

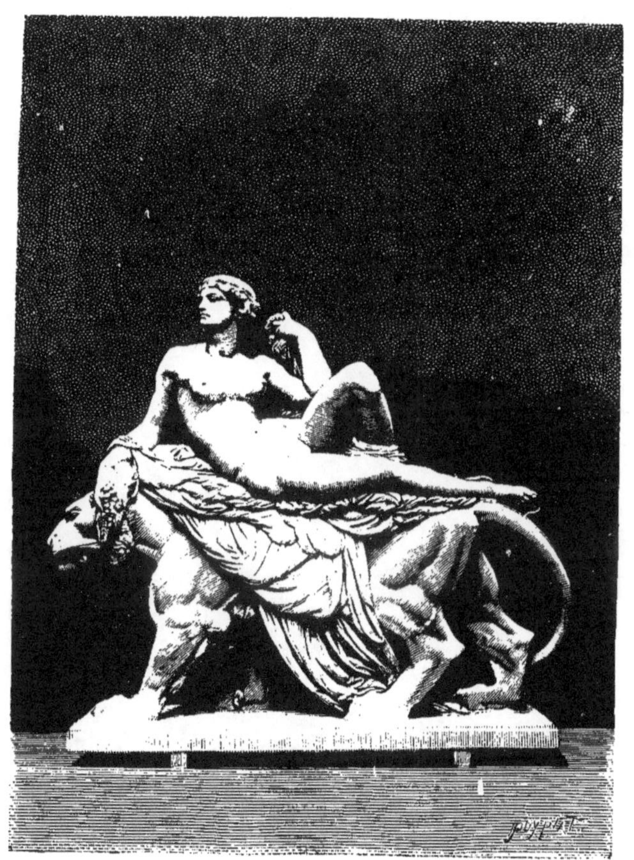

N° 19.

49 — *Cléopâtre.*

Original en bronze.

Haut., 1 m. 12 cent.; larg., 40 cent.

50 — Réduction n° 2.

Haut., 1 m. 69 cent.; larg., 25 cent.

51 — Réduction n° 3.

Haut., 50 cent.; larg., 18 cent.

52 — Réduction n° 4.

Haut., 30 cent.; larg., 7 cent.

Modèles en plâtre.

1° Haut., 81 cent.; larg., 42 cent.
2° Haut., 49 cent.; larg., 25 cent.
3° Haut., 36 cent.; larg., 20 cent.

(Droit de reproduction B.)

53 — *Léda et cygne.*

Original en bronze.

Haut., 40 cent.; larg., 29 cent.; long., 72 cent.

Modèle en plâtre.

Haut., 40 cent.; larg., 29 cent.; long., 72 cent.

Droit de reproduction B.

54 — *Lucrèce mourante.*

Réduction en bronze.

Grandeur n° 3.

Haut., 40 cent.; larg., 19 cent.; long., 54 cent.

55 — Réduction n° 4.

Haut., 31 cent.; larg., 15 cent.; long., 42 cent.

Modèle en plâtre.

Long., 1 m. 7 cent.; haut., 81 cent.; larg., 43 cent.

(Droit de reproduction B.)

56 — *Hercule enfant étouffant des serpents.*

Statue en bronze.

Haut., 1 m. 7 cent.; larg., 40 cent.

Modèle en plâtre.

Haut., 1 m. 9 cent.; larg., 40 cent.

(Droit de reproduction B.)

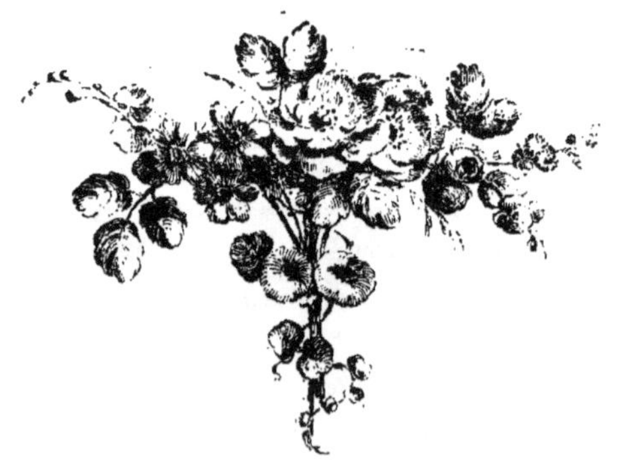

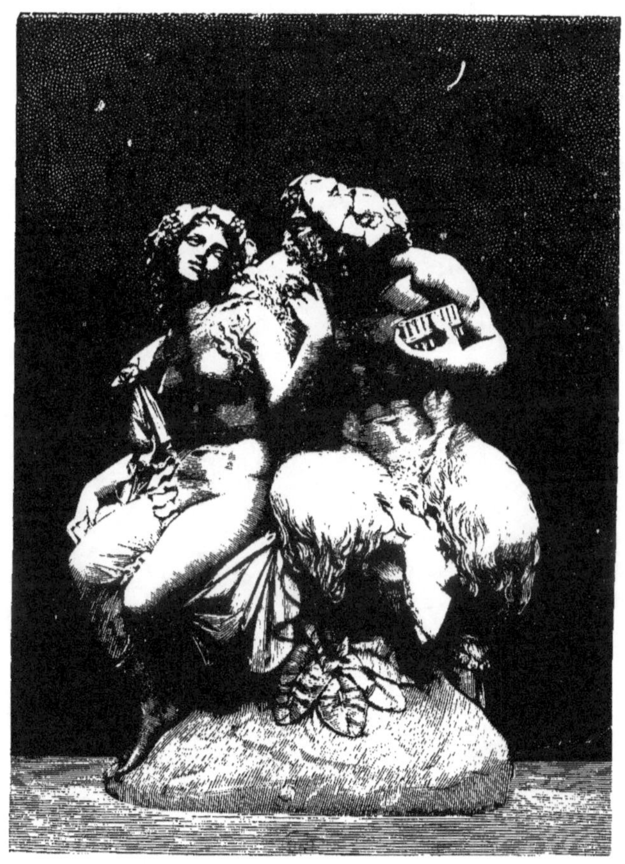

N° 27.

BUSTES

57 — *Le Christ expirant (dernier soupir).*

Original en bronze.

Grandeur nature. — Haut., 64 cent.

58 — Réduction n° 2.

Haut., 30 cent.

59 — Réduction n° 3.

Haut., 21 cent.

60 — Réduction n° 4.

Haut., 16 cent.

61 — Réduction n° 7.

Haut., 8 cent.

Modèles en plâtre.

1° Haut., 64 cent.; larg., 43 cent.
2° Haut., 32 cent.; larg., 19 cent.

Droit de reproduction A.

62 — *Le Christ expirant (dernier regard).*

Original en bronze.

Grandeur nature. — Haut., 65 cent.

63 — Réduction n° 3.

Haut., 20 cent.

64 — Réduction n° 4.

Haut., 13 cent.

(Droit de reproduction A.)

65 — *La Jeunesse.*

Original en bronze.

Grandeur nature. — Haut., 70 cent.

Modèle en plâtre.

Haut., 70 cent.; larg., 40 cent.

(Droit de reproduction A.)

66 — *Cléopâtre.*

Original en bronze.

Grandeur nature. — Haut., 70 cent.

Modèle en plâtre.

Haut., 70 cent.; larg., 45 cent.

(Droit de reproduction A.)

67 — *La Femme à la rose.*

Original en bronze.

Grandeur nature. — Haut., 70 cent.

68 — Réduction 1/2 nature.

Haut., 35 cent.

69 — Réduction 1/3 nature.

Haut., 30 cent.

70 — Réduction n° 4.

Haut., 19 cent.

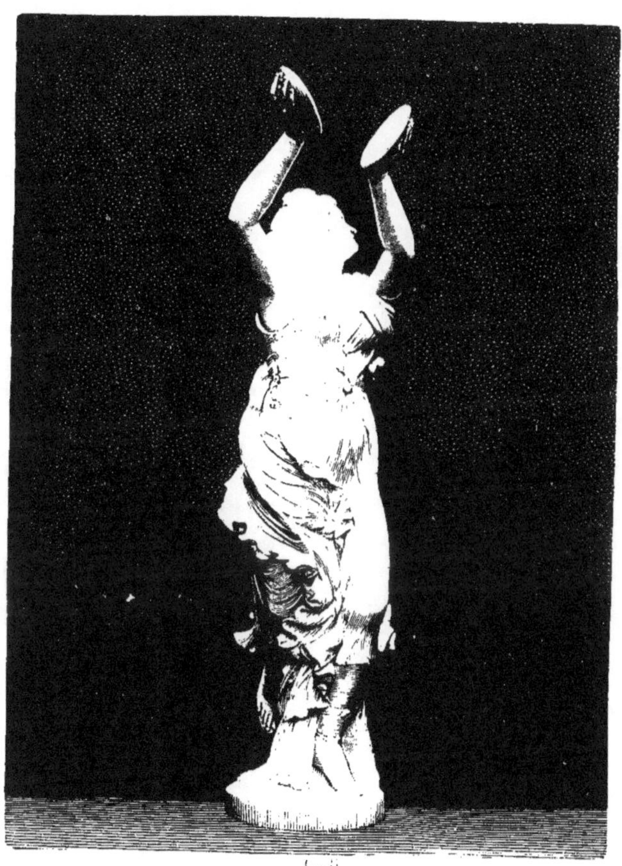

N° 35.

71 — Réduction nº 7.

Haut., 9 cent.

Modèles en plâtre.

Grandeur nature.

1º Haut., 70 cent.; larg., 35 cent.
2º Haut., 47 cent.; larg., 23 cent.
3º Haut., 36 cent.; larg., 17 cent.
4º Haut., 29 cent.; larg., 15 cent.

(Droit de reproduction A.)

72 — *Le Sommeil.*

Réduction en bronze.

Grandeur 1/2 nature. — Haut., 31 cent.

73 — Réduction nº 4.

Haut., 16 cent.

74 — Réduction nº 7.

Haut., 8 cent.

Modèles en plâtre.

Grandeur nature. — Haut., 65 cent.; larg., 38 cent.
Grandeur 1/2 nature. — Haut., 32 cent.; larg., 18 cent.

(Droit de reproduction A.)

75 — *Mai.*

Réduction en bronze.

Grandeur 1/2 nature. — Haut., 29 cent.

76 — Réduction nº 4.

Haut., 17 cent.

77 — Réduction n° 7.
Haut., 8 cent.

Modèles en plâtre.

1° Haut., 59 cent.; larg., 38 cent.
2° Haut., 46 cent.; larg., 26 cent.
3° Haut., 30 cent.; larg., 16 cent.

(Droit de reproduction A.)

78 — *Ariane.*

Original en bronze.

Grandeur nature. — Haut., 83 cent.

79 — Réduction 1/2 nature.
Haut., 32 cent.

80 — Réduction n° 7.
Haut., 9 cent.

Modèles en plâtre.

1° Haut., 83 cent.; larg., 50 cent.
2° Haut., 32 cent.; larg., 19 cent.
3° Haut., 21 cent.; larg., 13 cent.
4° Haut., 17 cent.; larg., 10 cent.

(Droit de reproduction A.)

81 — *La Danseuse.*

Original en bronze.
Haut., 65 cent.

82 — Réduction n° 1.
Haut., 36 cent.

83 — Réduction n° 2.
Haut., 18 cent.

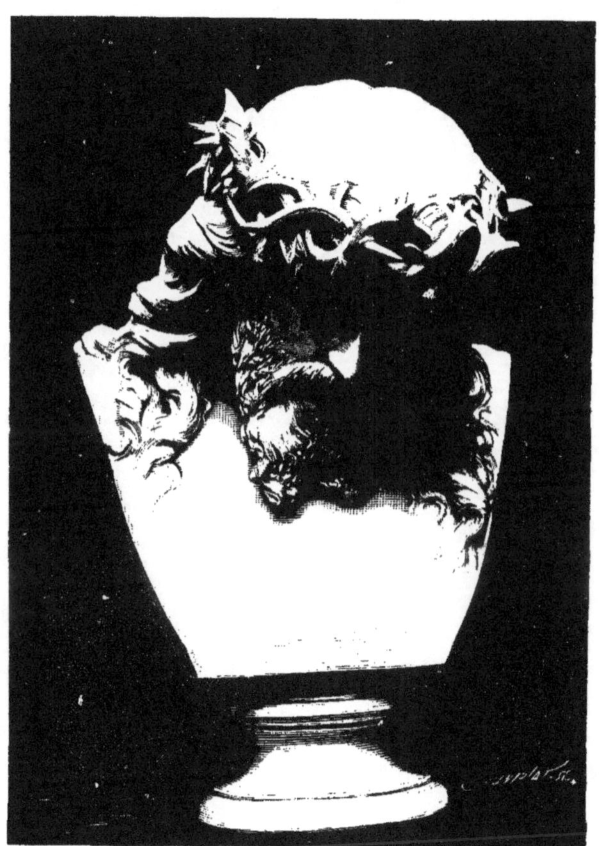

N° 57.

84 — Réduction n° 4.

Haut., 13 cent.

85 — Réduction n° 7.

Haut., 9 cent.

Modèles en plâtre.

1° Haut., 68 cent.; larg., 42 cent.
2° Haut., 32 cent.; larg., 18 cent.

Droit de reproduction A.

86 — *Cléopâtre.*

Original en bronze.

Haut., 70 cent.

87 — *Judith.*

Original en bronze.

Grandeur nature. — Haut., 70 cent.

Modèles en plâtre.

1° Haut., 70 cent.; larg., 40 cent.
2° Haut., 68 cent.; larg., 39 cent.
3° Haut., 67 cent.; larg., 39 cent.

(Droit de reproduction A.)

88 — *Hélène.*

Original en bronze.

Grandeur nature. — Haut., 70 cent.

89 — Réduction n° 4.

Haut., 18 cent.

90 — Réduction n° 7.

Haut., 10 cent.

Modèles en plâtre.

1° Haut., 75 cent.; larg., 45 cent.
2° Haut., 58 cent.; larg., 36 cent.
3° Haut., 36 cent.; larg., 21 cent.

(Droit de reproduction B.)

91 — ***Pâris.***

Original en bronze.

Grandeur nature. — Haut., 78 cent.

92 — Réduction n° 4.

Haut., 20 cent.

93 — Réduction n° 7.

Haut., 10 cent.

Modèles en plâtre.

1° Haut., 78 cent.; larg., 48 cent.
2° Haut., 61 cent.; larg., 37 cent.
3° Haut., 39 cent.; larg., 24 cent.

(Droit de reproduction A.)

94 — ***Faunesse.***

Original en bronze.

Grandeur 1/2 nature. — Haut., 34 cent.

95 — Réduction n° 7.

Haut., 9 cent.

Modèles en plâtre.

1° Haut., 67 cent.; larg., 43 cent.
2° Haut., 34 cent.; larg., 22 cent.

(Droit de reproduction A.)

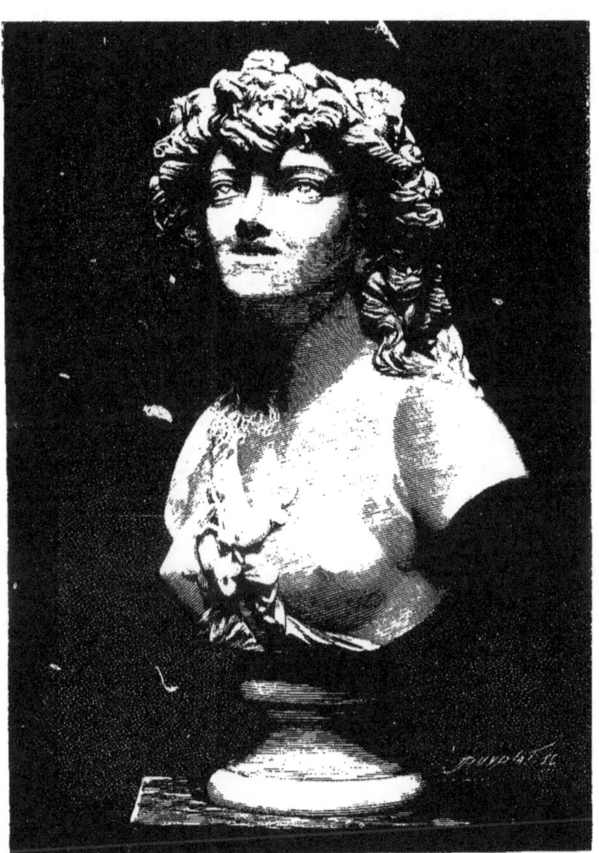

N° 65.

96 — ***Bacchant.***

Original en bronze.

Grandeur nature. — Haut., 82 cent.

Modèle en plâtre.

Haut., 83 cent.; larg., 50 cent.

(Droit de reproduction A.)

97 — ***Bacchante.***

Original en bronze.

Grandeur nature. — Haut., 78 cent.

Modèle en plâtre.

Haut., 78 cent.; larg., 48 cent.

(Droit de reproduction A.)

98 — ***La Femme au lierre.***

Original en bronze.

Grandeur nature. — Haut., 70 cent.

99 — Réduction n° 2.

Haut., 34 cent.

100 — Réduction n° 3.

Haut., 18 cent.

101 — Réduction n° 7.

Haut., 9 cent.

Modèles en plâtre.

1er Haut., 69 cent.
2e Haut., 45 cent.

(Droit de reproduction A.)

102 — ***Charlotte Corday.***

Original en bronze.

Grandeur nature. — Haut., 67 cent.

103 — Réduction n° 1.

Haut., 33 cent.

104 — Réduction n° 2.

Haut., 18 cent.

105 — Réduction n° 3.

Haut., 14 cent.

106 — Réduction n° 4.

Haut., 9 cent.

Modèles en plâtre.

1° Haut., 68 cent.
2° Haut., 35 cent.

(Droit de reproduction A.)

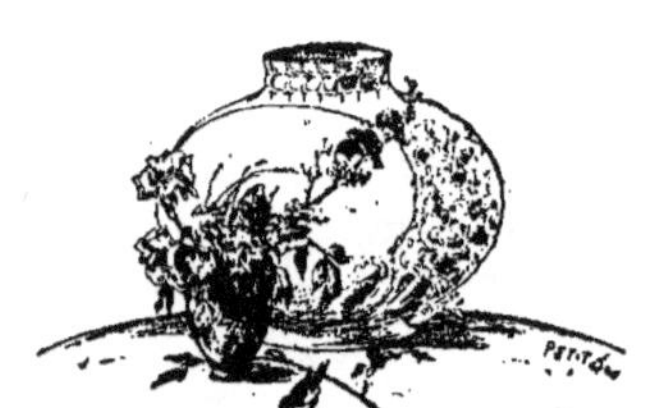

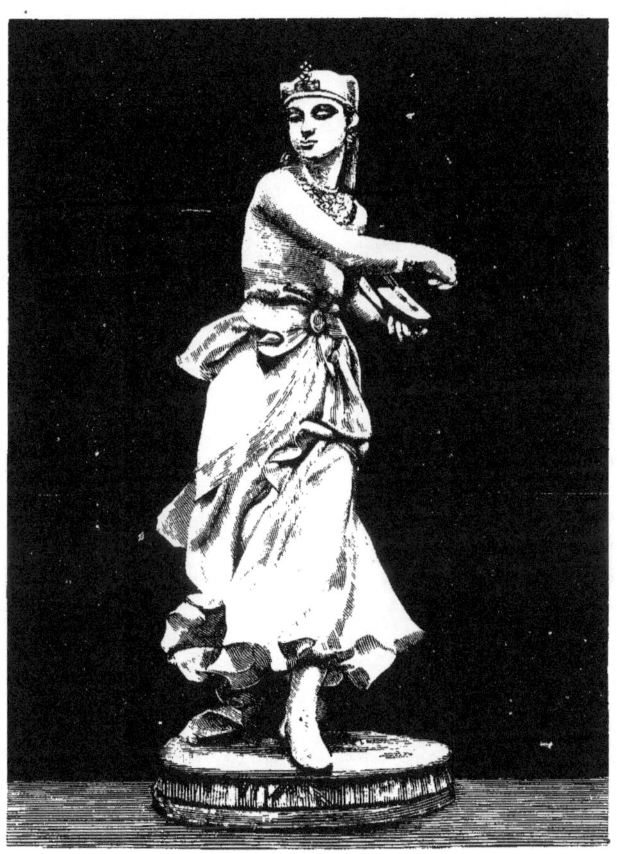

N° 115.

OEUVRES DE FALGUIÈRE[1]

GROUPES

107 — *Clytie.*

Original en bronze.

Haut., 51 cent.; larg., 19 cent.; long., 75 cent.

Modèle en plâtre.

Long., 79 cent.; haut., 51 cent.; larg., 40 cent.

Redevance 10 pour 100.

108 — *Dorothée et sa chèvre.*

Original en bronze.

Haut., 80 cent.; larg., 40 cent.

Modèle en plâtre.

Haut., 80 cent.; larg., 40 cent.

Redevance 10 pour 100.

1. Les acquéreurs des œuvres de Falguière auront le droit de reproduction en toutes matières et toutes grandeurs, sauf pour les modèles *Martyr* et *Élégie*.

Les redevances à payer à M. Falguière, sur le prix de vente des reproductions, sont indiquées pour chaque modèle.

109 — *Daphnis et Chloé.*

Original en bronze.

Haut., 63 cent.; larg., 40 cent.; long., 67 cent.

Grandeur n° 2.

Haut., 40 cent.; larg., 25 cent.; long., 45 cent.

Modèle en plâtre.

Long., 67 cent.; haut., 60 cent.; larg., 40 cent.

Redevance 10 pour 100.

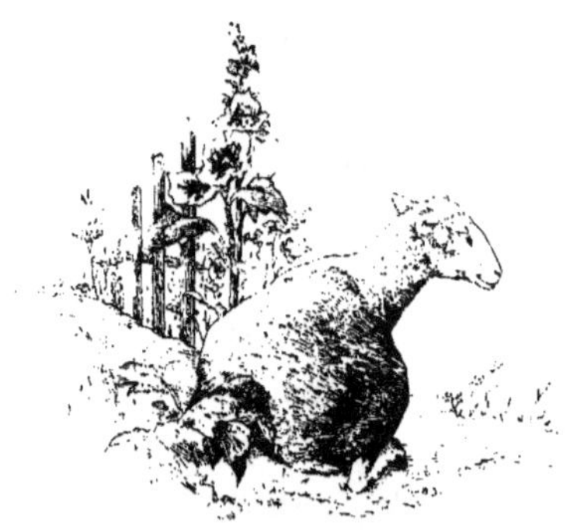

STATUES

110 — *La Source.*

Original en bronze.

Grandeur 1/2 nature. — Haut., 75 cent.

111 — Grandeur n° 2.

Haut., 39 cent.

Modèle en plâtre.

Haut., 77 cent.; larg., 21 cent.

Redevance 5 pour 100.

112 — *La Vérité.*

Original en bronze.

Grandeur n° 1. — Haut., 1 m. 6 cent.; larg., 36 cent.

113 — Réduction n° 2.

Haut., 44 cent.; larg., 14 cent.

Modèles en plâtre.

1° Haut., 1 m. 6 cent.; larg., 42 cent.
2° Haut., 49 cent.; larg., 14 cent.

Redevance 5 pour 100.

114 — *Galathée.*

Original en bronze.

Grandeur n° 2. — Haut., 34 cent.; larg., 22 cent.

Modèles en plâtre.

1° Haut., 70 cent.; larg., 43 cent.
2° Haut., 35 cent.; larg., 21 cent.

Redevance 10 pour 100.

115 — *La Danseuse égyptienne.*

Original en bronze.

116 — Réduction nº 1.

Haut., 1 m. 30 cent.

117 — Réduction nº 2.

Haut., 1 m. 8 cent.

118 — Réduction nº 3.

Haut., 82 cent.

119 — Réduction nº 4.

Haut., 65 cent.

Modèle en plâtre.

Haut., 1 m. 65 cent.; larg., 76 cent.

Redevance 5 pour 100.

120 — *Marguerite entrant à l'église.*

Original en bronze.

Grandeur nº 1. — Haut., 93 cent.

121 — Réduction nº 2.

Haut., 47 cent.

Modèles en plâtre.

1º Haut., 93 cent.; larg., 33 cent.
2º Haut., 48 cent.; larg., 19 cent.

Redevance 10 pour 100.

122 — *Mignon.*

Original en bronze.

Grandeur 1/2 nature. — Haut., 89 cent.

123 — Grandeur 1/3 nature.

Haut., 49 cent.

Modèles en plâtre.

1° Haut., 91 cent.; larg., 38 cent.
2° Haut., 51 cent.; larg., 20 cent.

Redevance 5 pour 100.

124 — *Mlle Lili.*

Original en bronze.

Grandeur 1/2 nature. — Haut., 75 cent.; larg., 32 cent.

Modèle en plâtre.

Haut., 77 cent.; larg., 32 cent.

Redevance 5 pour 100.

125 — *Le Martyr.*

Original en bronze. Statue couchée.

Haut., 33 cent.; larg., 32 cent.; long., 72 cent.

Modèle en plâtre.

Long., 72 cent.; haut., 33 cent.; larg., 32 cent.

Le marbre original est au palais du Luxembourg.

Redevance 10 pour 100.

Droit de reproduction en bronze **seulement**.

126 — *Élégie.*

Original en bronze.

Grandeur n° 2. — Haut., 50 cent.

Modèle en plâtre.

Haut., 1 m. 40 cent.; larg., 43 cent.

L'original en marbre est à l'Opéra.
Redevance 10 pour 100.
Droit de reproduction en bronze **seulement.**

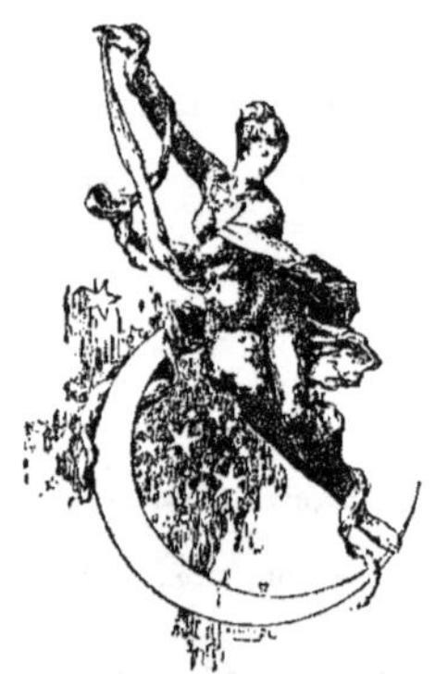

MODÈLES ORIGINAUX EN PLATRE

OEUVRES DE CLÉSINGER[1]

GROUPES

127 — *L'Amour domptant la Force.*

Groupe.

Long., 1 m. 50 cent.; haut., 1 m. 45 cent.; larg., 45 cent.

(Droit de reproduction A.)

128 — *La Vierge et l'Enfant Jésus.*

Groupe.

Long., 40 cent.; haut., 1 m. 5 cent.; larg., 45 cent.

(Droit de reproduction A.)

1. Les acquéreurs auront à payer aux ayants droit de Clésinger : 15 pour 100 sur le produit net de la vente des œuvres d'édition. 17 pour 100 sur la reproduction des œuvres originales (marbre ou terre cuite).

129 — *Bacchante sur le bouc marin.*

Groupe.

Long., 1 m. 10 cent.; haut., 97 cent.; larg., 35 cent.

(Droit de reproduction B.)

130 — *Nessus et Déjanire.*

Groupe.

Long., 1 m. 48 cent.; haut., 1 m. 48 cent.; larg., 56 cent.

(Droit de reproduction A.)

131 — *L'Enlèvement de la belle Europe.*

Groupe.

Long., 1 m. 45 cent.; haut., 1 m. 48 cent.; larg., 51 cent.

(Droit de reproduction A.)

132 — *Persée délivrant Andromède.*

Groupe.

Long., 1 m. 78 cent.; haut., 1 m. 55 cent.; larg., 63 cent.

(Droit de reproduction A.)

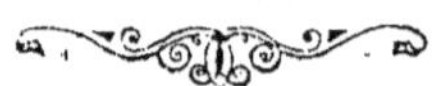

STATUES

133 — *Sapho couronnée de lauriers.*

Statue.

Haut., 1 m. 60 cent.; larg., 52 cent.

(Droit de reproduction A.)

134 — *Femme pour torchère.*

Statue.

Haut., 1 m. 79 cent.; larg., 60 cent.

(Droit de reproduction A.)

135 — Pendant du précédent.

Haut., 1 m. 82 cent.; larg., 64 cent.

(Droit de reproduction A.)

136 — *Bacchante agenouillée.*

Statue.

Haut., 1 m. 45 cent.; larg., 72 cent.

(Droit de reproduction A.)

137 — *Phryné.*

Statue.

Haut., 1 m. 70 cent.; larg., 65 cent.

(Droit de reproduction C.)

138 — *La Comédie.*

Statue.

Haut., 1 m. 34 cent.; larg., 60 cent.

(Droit de reproduction C.)

139 — *Cléopâtre devant César.*

Statue. Épreuve préparée pour faire le modèle en bronze.

Haut., 1 m. 55 cent.; larg., 47 cent.
Socle. Haut., 70 cent.

(Droit de reproduction A.)

140 — *La Vénus au dauphin.*

Statue.

Haut., 1 m. 80 cent.; larg., 47 cent.

(Droit de reproduction A.)

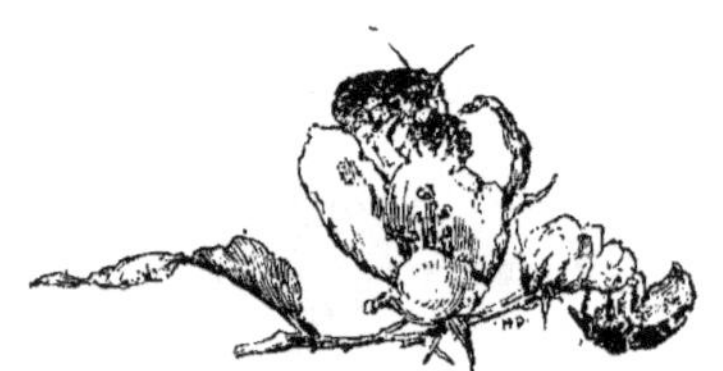

BUSTES

PLATRES

141 — *Les Roses.*

Buste.

Haut., 74 cent.; larg., 45 cent.

(Droit de reproduction A.)

142 — *Laurier-rose.*

Buste.

Haut., 70 cent.; larg., 45 cent.

(Droit de reproduction A.)

143 — *La Dame aux roses.*

Buste.

Haut., 80 cent.; larg., 50 cent.

(Droit de reproduction A.)

144 — *Camélia.*

Buste.

Haut., 73 cent.; larg., 46 cent.

(Droit de reproduction A.)

145 — *Lucrèce mourante.*

Buste.

Haut., 85 cent.; larg., 65 cent.

(Droit de reproduction A.)

146 — *Sapho.*

Buste.

Haut., 68 cent.; larg., 50 cent.

(Droit de reproduction A.)

147 — *Rose du roi.*

Buste.

Haut., 73 cent.; larg., 45 cent.

(Droit de reproduction A.)

148 — *Reine de Saba.*

Buste.

Haut., 79 cent.; larg., 47 cent.

(Droit de reproduction A.)

149 — *Jeanne d'Arc.*

Buste.

Haut., 57 cent.; larg., 30 cent.

(Droit de reproduction A.)

150 — *Fleur de lys.*

Buste.

Haut., 76 cent.; larg., 49 cent.

(Droit de reproduction A.)

151 — *Diane au camée.*

Buste.

Haut., 72 cent.; larg., 42 cent.

(Droit de reproduction A.)

152 — *Le Moineau de Lesbie.*

Buste.

Haut., 71 cent.; larg., 30 cent.

153 — Réduction du précédent.

Haut., 37 cent.; larg., 19 cent.

(Droit de reproduction A.)

154 — *Pie IX.*

Buste.

Haut., 90 cent.; larg., 80 cent.

155 — Réduction du précédent.

Haut., 45 cent.; larg., 35 cent.

(Droit de reproduction A.)

156 — *Bacchante de Dumas.*

Buste.

Haut., 69 cent.; larg., 45 cent.

(Droit de reproduction A.)

157 — *Phryné.*

Buste.

Haut., 81 cent.; larg., 39 cent.

158 — Réduction du précédent.

Haut., 49 cent.; larg., 19 cent.

Droit de reproduction A.)

159 — *Rachel.*

Buste.

Haut., 85 cent.; larg., 48 cent.

(Droit de reproduction A.)

160 — *La Tragédie.*

Buste.

Haut., 56 cent.; larg., 28 cent.

(Droit de reproduction A.)

161 — *Violette.*

Buste.

Haut., 72 cent.; larg., 36 cent.

(Droit de reproduction A.)

162 — *Holopherne.*

Buste.

Modèle en plâtre.

Haut., 71 cent.; larg., 39 cent.

(Droit de reproduction A.)

163 — *La Marguerite.*

Buste.

Modèle en plâtre.

Haut., 74 cent.; larg., 45 cent.

(Droit de reproduction A.)

164 — *Les Trois Grâces.*

Socle. Style Renaissance.

(Droit de reproduction A.)

OEUVRES DE CLÈRE

165 — *Érigone.*

Buste.

Modèle en plâtre.

Haut., 68 cent.; larg., 35 cent.

Sans droits d'auteur.

Droit de reproduction absolu en matière d'édition et d'originaux.

OEUVRES DE FALGUIÈRE[1]

PLATRES

166 — *Léda et cygne.*

Groupe.

Haut., 1 m. 5 cent.; larg., 46 cent.

Redevance 5 pour 100.

167 — *La Chanson.*

Statue.

Haut., 1 mètre; larg., 48 cent.

Redevance 10 pour 100.

168 — *Ophélie.*

Statue.

Haut., 1 m. 79 cent.; larg., 64 cent.

Redevance 5 pour 100.

1. Les acquéreurs des œuvres de Falguière auront le droit de reproduction en toutes matières et en toutes grandeurs, sauf pour le modèle *Ève.*

Les redevances à payer à M. Falguière, sur le prix de vente des reproductions, sont indiquées pour chaque modèle.

169 — *Ève.*

Statue.

Haut., 1 m. 30 cent.; larg., 52 cent.

Réduction de l'original.

Redevance 20 pour 100.

Droit de reproduction en bronze seulement et au-dessous de la grandeur nature, 2/3 maximum.

170 — *Marguerite à genoux.*

Statue.

Haut., 1 m. 13 cent.; larg., 66 cent.

Redevance 10 pour 100.

ŒUVRE DE POLLET

PLATRE

171 — *Eloa.*

Groupe.

Long., 1 m. 10 cent.; haut., 1 m. 60 cent.; larg., 55 cent.

Droit de reproduction en toutes matières dans la grandeur de 1 m. 54 cent. ou au-dessus.

La reproduction au-dessous de 1 m. 54 cent. est interdite.

MARBRES

AIZELIN

172 — *La Merveilleuse, tenue de bal.*

Statue originale en marbre de Carrare.

Grandeur 2/3 nature.

Haut., 78 cent.; larg., 20 cent.

AIZELIN

173 — *La Merveilleuse, tenue de ville.*

Statue originale en marbre de Carrare.

Grandeur 2/3 nature.

Haut., 80 cent.; larg., 20 cent.

CARLIER

(E.)

174 — *La Cruche cassée.*

Statuette originale en marbre blanc sur socle en marbre blanc, garni de bronze doré.

CLÈRE

175 — *L'Innocence.*

Buste en marbre de Carrare.
(Provient de la vente Bryce.)

Haut., 60 cent.

CLÉSINGER

176 — *Lucrèce mourante.*

Groupe important en marbre blanc plus grand que nature.
(Provient de la galerie E. de Girardin.)

CLÉSINGER

177 — *Combat de taureaux.*

Groupe important en marbre rouge antique original.
Socle en bois noir.

CLÉSINGER

178 — *Bacchante sur le bouc marin.*

Groupe en marbre de Carrare.

Grandeur 2/3 nature.

Haut., 75 cent.; larg., 90 cent.

CLÉSINGER

179 — *Cléopâtre morte.*

Statue en marbre de Carrare.

Grandeur 2/3 nature.

Haut., 15 cent.; larg., 90 cent.

CLÉSINGER

180 — *Danseuse.*

Buste en marbre de Carrare.

Grandeur 2/3 nature.

Haut., 20 cent.; larg., 18 cent.

CLÉSINGER

181 — *La Jeunesse.*

Buste en marbre de Carrare.

Haut., 60 cent.

CLÉSINGER

182 — *Le Camélia.*

Buste en marbre de Carrare.

Haut., 60 cent.

CLÉSINGER

183 — *La Néréide.*

Groupe original en marbre de Paros.

Grandeur 2/3 nature.

(Provenant de la vente E. de Girardin.)

Haut., 70 cent.; larg., 85 cent.

CLODION

(D'après)

184 — *L'Amour d'un faune.*

Groupe en marbre blanc de Carrare.

Exécution remarquable.

Haut., 35 cent.; larg., 18 cent.

COUSTOU

185 — *Femme entraînée par l'Amour.*

Statue originale en pierre.

Grandeur nature.

Haut., 1 m. 40 cent.; larg., 60 cent.

FALGUIÈRE

186 — *La Chanson.*

Statuette originale en marbre blanc.

Haut., 1 mètre.

FALGUIÈRE

187 — *Marguerite à l'église.*

Statue originale en marbre de Carrare.

Haut., 1 m. 15 cent.; larg., 66 cent.

MATHURIN MOREAU & PIAT

188 — Grand lampadaire Louis XIV.

Composé d'une figure de négresse, grandeur nature, en marbre noir, supportant un bouquet de lumières et posée sur un socle orné de trois sphinx en marbre rouge. L'embase en bronze décoré formant jardinière.

Figures par Mathurin Moreau.

Ornements par Piat.

Haut., 3 m. 40 cent.; larg., 90 cent.

PIAT & MATHURIN MOREAU

189 — Grand lampadaire, style Louis XIV, avec figures groupées dans la tige, représentant des allégories, les Éléments.

Figures par Mathurin Moreau.

Ornements et architecture, par Piat.

Haut., 3 m. 20 cent.; larg., 90 cent.

ROBERT

(E.)

190 — *Marie d'Étrurie.*

Buste original en marbre de Grestola, avec ornements en ivoire.

Grandeur nature.

Haut., 40 cent.; larg., 22 cent.

191 — *La Nymphe aux roses.*

Grande statue en marbre blanc, formant lampadaire, monture bronze doré, bouquet à sept lumières, sur socle en marbre rouge antique et blanc clair, garnie en bronze doré.

192-193 — Deux gaines en marbre rouge antique et marbre blanc, ornées de bronze doré. Style Louis XVI.

194 — Deux vases, forme ovoïde, en marbre rouge antique, montés en bronze doré.

195-196 — Deux gaines en marbre vert de mer, ornées de mascarons, de guirlandes et d'agrafes en bronze doré. Style Louis XIV.

197 — Très belle garniture de cheminée, de style Louis XIV, composée d'une pendule en marbre griotte, richement ornée de bronze doré, surmontée d'un buste en marbre blanc : *Les Roses, de Clésinger*, avec deux candélabres forme vase en marbre griotte, monture en bronze doré, bouquets à dix lumières. Travail de la maison ***Barbedienne***.

(Provenant de la vente Bryce.)

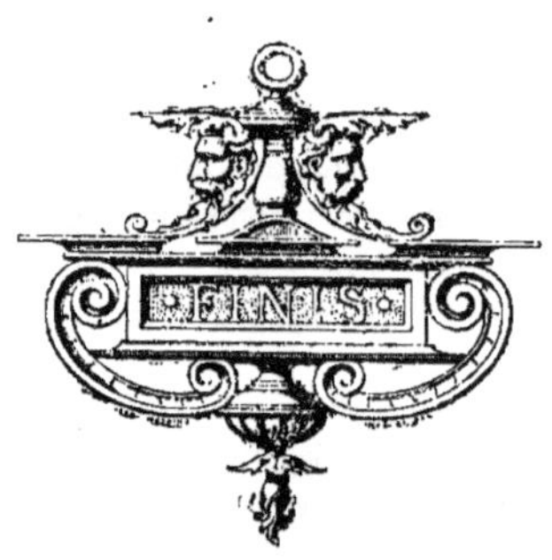